U0839701

梨花飘落的夜晚

梨花飘落的夜晚

李喆守 版画散文集

[韩] 李喆守 著 / 绘　李璐 译

손차 한잔을 이
저 혼자
삭였다.
그도
마음!

"차한잔"
철승 '95

深夜
一杯茶
独自
渐渐变冷
回看人生
亦不外乎
在那里
静静的独自变冷

一杯茶

一杯苦茶
独自
渐渐变冷
我的心
亦如此！

A Cup of Tea

The bitter tea
Got cold
In the cup
Alone there.
So, too,
The soul.

길이
멀다

'낙엽'
철수
'74

整个夏天
都还是一片浓荫
秋天一来
叶子变了颜色
落英缤纷
看到秋天的光景
可会有人不想到
人的一生?

那落英
慢慢零落成泥
化身土壤
不见踪影
次年却又化成绿荫
变成春花
带来秋实
想想这周而复始的轮回
可会有人不感到自己
其实就是那落英?

벌레 먹은
잎새하나,
겨우내 가지끝에서
하던 말이 무언지
모르고!
봄이 왔다.

世上万物
互相对话
共同存活着
森罗万象
只有用同样的语言
才可以心意交融
它在那儿说话
我却不知它在说什么
更觉郁闷　更觉可惜的
说真的
不是身为人类的我
却是它！

一片树叶

整个冬季
都会自个儿
在那儿闷闷不乐吧！

落叶

一片被虫儿咬过的叶子
一整个冬天
都挂在树枝末端
还不知道它说了些什么？
春天已经来了

A Word

A worm-eaten leaf,
All winter long at the tip of a twig.
You don’t know what it says!
Spring has come.

가을바람이,
금빛 벼이삭을 밟고 간다.
다 드러눕는다.

'体露金風' 철수 94

谷穗成熟的稻田
在阳光下，明晃晃地泛着金光
稻田里，总有些稗草、水蓼和蚊帐吊草
不厌其烦地长在里面
用除草剂除去杂草
可令稻田看上去
更加是一片纯净的金色
可不知为何
这稻田反而显得有点凄切！
就像只剩下草坪的高尔夫球场
想要通过独占
来形成单一的颜色
就一定会不顾身边的一切！
我们为了吃饭种植稻谷
这种独占，也没有什么不同
即使如此
为了收获稻谷而付出的劳动
仍是弥足珍贵的！
付出辛苦劳作而收获的金色稻田上
秋风吹过，它仿佛在说
肚子饿了，就吃吧 ……
不够的话，就分享吧 ……

体露金风

秋风
从金色稻穗上
从容踏过
世界变得
无比清澈

Driven by the Golden Wind

The autumn wind
Levels golden spikes of grain
And goes.
All laid bare.

잘있거라
나는 간다
이별의
말도 없이 …

'적멸'
철수 95

昨天
村子的小巷里
一盏祭奠的灯
泛出温暖的
微黄色光芒
静静地
挂在那里
谨悼！

寂灭

好好地在吧
我去了
离别的话儿
都不说 ...

Nirvana

Stay well.
I'm going,
Without a word
Of farewell...

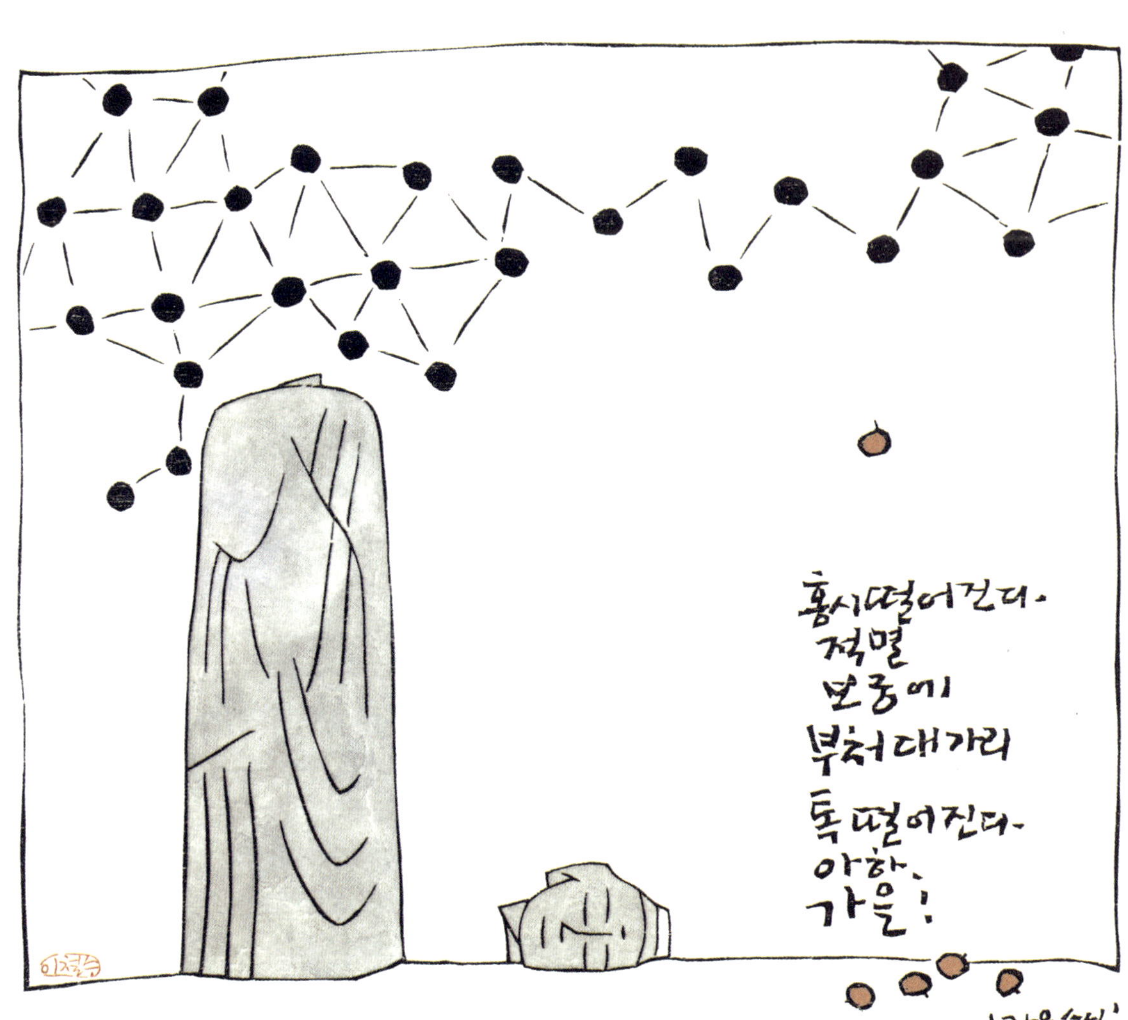

'가을소식'
철수 '93

天地间
又红又黄
秋深了
栗子、秋雨、
还有变红的大枣都落了下来！
似乎都在说

天地是个道场
所以才会处处有觉悟！
寺间空地落下的红柿
不知是不是在传递那个消息
瓜熟，蒂自落！

秋的消息

一只红色的柿子
掉了下来
像是佛像的头
落到了
寂灭宝宫中
啊！
秋！

News of Autumn

Ripe persimmons fall.
The head of the
Buddha in the sanctuary
Falls with a thud.
Ah, Autumn!

세한의 경치 — 철수92

下雪了
路很滑
想要去邮局
不得不 小心翼翼地走路
路边一只黑鸟
寒风中独自伫立
我和它
静静相望
我和它之间
已有缘
在这可知松柏高节的严寒里
饥饿的你
原来也只是一个人！
冬天好冷
让冬天就这么冷吧！
春天
让我们一起期待吧……

发寒的景致

Cold Winter Scene

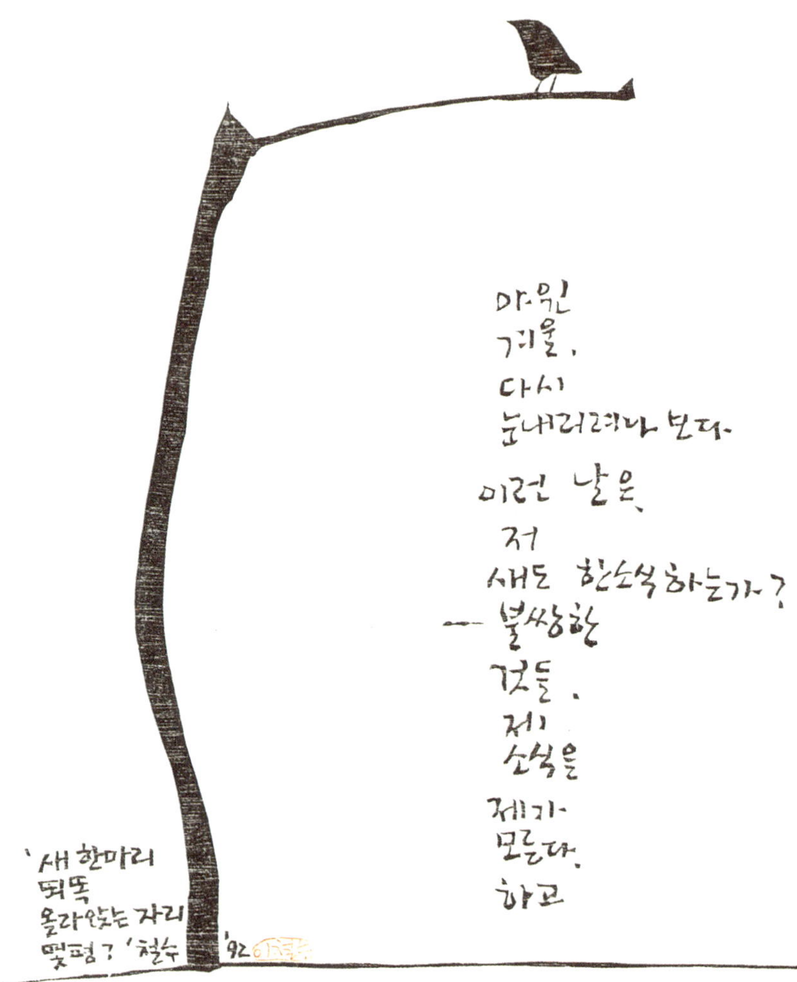
마앗길
겨울,
다시
눈내리려나 보다.
이런 날은,
저
새도 한소식 하는가?
— 불쌍한
것들.
제
소식을
제가
모른다.
하고
'새 한마리
되똑
올라앉는 자리
몇평?' 철수
'92

对于那些无所依靠
孤独过冬的鸟儿来说
没有比白雪皑皑的大地上
再度飘雪更残酷的事情了
鸟儿的眼神
虽满是坚毅
鸟儿的羽毛
却在风中颤抖
没有怀疑，毫无悲观，
只是静静地生存
那小小的身躯
今天
显得如此深沉！

枝上颤颤巍巍的小鸟
脚下空间占有几何？
萧瑟冬天
雪又欲来
如此冬日
那鸟儿似乎
带来了某种消息
—— 你们这些可怜的人儿
自己的消息
自己却不尝懂得！

How many yards wide—the bird's tottering perch?
Gaunt winter
A day sure to see more snow.
Does the bird have news?
—poor unfortunates,
No to know
Your own news.

눈내리기 시작합니다-
소나무 두그루
마치 일주문 입니다-
山門에、 순결한
첫소식 입니다
눈내리는날 문안.
- 펄펄 눈이 옵니다-
하늘에서
눈이 옵니다-.
- 불똥이-, 눈온다

从原州到堤川
破旧的国道边
两棵高高的松树
相互对望
互相守望
在那颀长身躯的上空
如果飘起雪来
那美景好像也会更有深度吧!
大自然总是那么自然而深沉
无垠的大地
对学者来说
就是一卷经书
整个世界
就是一个大道场
就像没有看书的时间
书架也会变成愚蠢的装饰一样
世上的风光
如果就那样存在着
也会变成没有主人的空山吧！

一柱门

开始下雪了
两棵松树
如同一座寺门
新的消息
大雪纷飞日子里的问候
—— 大片的雪花
从天而降
看那雪花!
—— 嘿，下雪啦!

The Temple Gate

snow begins to fall.
Two pines form a temple gate.
At the mountain gate
Fresh news.
A snowy day's greetings.
—It's snowing huge flakes,
Snowing from the heavens.
—Hey there, it's snowing.

'물'- 소나무가 시끄러워서 물은 땅으로 피해 내려
왔습니다. 철수'92 이철수

水

一边流趟

一边变得清澈

不断地向下　向下

打着转　翻着身

甚至倾泻而下

其实都是在做同样的一件事

这就是水的品性！

那从不休息的流水

一边流

一边带走了世上的烦忧

听着流水声

忘却尘世

水

松树觉得那流水太过吵闹，

流水于是躲开松树，

向着大地流了下去！

Water

Away from the din of pines, the water sought the earth.

'바람'
— 폭포를 건너가는 잎사귀
몇몇. 철수'92

在那巨大的水流
毫无顾忌倾泻的地方
总会有巨大的声响与之相伴
像是故意嘲笑
那豪言壮语一般
无所顾忌释放的力量

几片落叶
把轻飘飘的自己
交给清风
毫无声响，悠悠自得地渡过那河流！
那巨大的声响，毫无阻碍，急转直下，
又与我何干？
我只不过
守护着自己
轻飘飘的生命而已
人世间
也有几个像这落叶一样的人
悠悠地
度过尘世！

风

——几片漂过瀑布的树叶

Wind

A scattering of leaves sailing past a waterfall.

'소리없는 물, 수선스러운 돌' 철수 02 이철수

不管是倾泻而下
还是汇聚成池、兀自腐朽
水，还是水
按照自己的样子生活

今天路过一条静静流趟宽阔的河流
在那寂静中
哪怕夹杂着漩涡
随时暗藏着泛滥的危险
今天的安静
不会动摇

今天
无所事事
缓缓走过
这就是水的心

'소리'—개울물·철수'92

早春之日，走着走着
突然听到溪水的声音
整个冬季都冻得严严实实的冰面上
远远而来一股清澈的水流
在冰面上一边兀自开出一条水路
一边向前流淌
春天来了！
但是，要想听到那小溪
不断变换着自已的深度和宽度而发出的声响
还有些时日尚早
倘若沿着溪流向上游走去
在某个山窝里，恐怕还有滴着水珠的残冰吧
看着那溪水流过，突然想到
时间就像这无法倒流的溪水
所以溪流的声音就是消逝的时间留下的痕迹吧
这大自然的话语！

用冰冷的气韵把整个世界凝固
冬天过去后
这又低又宽的溪流将用尽全力走过春天
那声响将会变得越来越粗壮
那个时候再来听大自然的话语
今天
这溪水的声音
不知为何，
听起来低沉又多情！

下月谷
月入松風聲
철수 '92

同样的月色把它揉碎、分开仍然是一样的月色
今天
它来到无人的松林！

在松林里的自我修行和在田地里的艰苦劳作
哪一个更为珍贵？
这样问的人真是愚蠢
不做事的修炼
不直视自身的劳动
同样令人羞耻

月色明亮
照在贫穷的世界上
难道身处深山老林
就得不到月光吗？
在树林里，月色如此之美
连风
也都发出和响
悠然经过

'소리'– 바람부는날, 나뭇잎들 · 철수'92

已是秋天了！
贫寒之人心中恐怕早就刮起了冷风
有些人的心里也许已经开始过冬！
多么悲哀的事情！
不管是谁经过数十个春夏秋冬
都要去往另一个世界
所以树叶飘零大地褪色的秋天
总让人婉惜，让人深思
沉思之后，也许还会“啊”的一声
发出长长的叹息
即使如此
仍然是秋天
记得吗？
某位大师说过的话
不是旗动，不是风动
而是心在动！
一棵大树把自己的树叶交给风
就是这意思吧！
心让树叶摇动，
让你的衣袂飘动，
也让这贫寒的世界摇动
秋天
风起的日子
我们的心
究竟要去何处？

'바람'- 그날, 그가 出門하였다. 철수 92

随风飘零
今天已是门外
已是另一个外面的世界！
渺小的身躯
并非没有寄身之所
区别门里门外又有什么益处？

门外的世界
有几棵高大的树木
懂得孕育枝繁叶茂的绿色
也懂得把落叶交给风！

'바람'—오만한 집 . 철수 92

不知是谁
说这房子里
无人居住
如此倨傲
结果当然如此
人不会在那里生活
没有人会进进出出
实在是毫无用处的高傲！

`그절에 가는 길'
철수 '93
이철수

醒来已是清晨
昨日之晨
今日之晨
不会有何不同！
那里与这里
又有什么距离？
在无所牵绊的心上
盖一座房子吧！

去寺庙的路上 Temple Path

일주문 지나면서 듣는 소리 하나

철수92 '소리'

没有争斗变得安静
才可跨进那扇门
唯心
才能听见
安静的天籁

声音

经过寺门，听到的声音

Sounds

A sound heard passing the temple gate.

三足鳥 / 그새 깃드는탑 /

탑 철수92

有一个
安安静静
居留之所
那就是好归宿

佛塔

三足鸟 / 佛塔

Pagoda

Three-legged Bird / Pagoda-root

— 탑-비는 막돌이 되기 까지야 고생 아닌가?
편할날이 있으리니 참고 지내시게.

백장암 가는 길에. 철수94

那条路上
有一个历经雪雨风霜的老佛塔
如果没有他，
这条路也许会变得孤寂空虚
曾经梦想过战胜他人，轻松地生活
现在只想要成为一个静静的存在
但连这个也成为一种奢望！

这块石头会明白
只想在自己的位置上做一块石头
也并不是件容易的事！

去往百丈庵的路上

塔和碑总有一天会成为无用之物，
在此之前要承受多少苦痛？
总会有平安的那一天，继续忍耐！

The Road to Paek-chang Hermitage

Doesn't a pagoda or monument have to suffer to
become rough stone?
There are carefree days ahead. Bear up.

세상에 사서도 살려니 천은 사나이도 사는구나, 흉한 놈! — 이름 모르겠다 꽃나무에게

철수 94

花　孤独安静　自开自花
人　为了虚名　相互争斗　岂不喧哗?
或许有人会说
哪里会有无名的花?
而名字不过是人所发明的识别游戏罢了
一枝花　开得灿烂
不是因为它的名
真的面貌永远要胜过表面之华!
那无名之花　常见之花
一起怒放　岂非壮观?
世上可真的有有名字的花吗?

致不知名的一种花树

双溪寺里见过它
天安寺中也开花
看来是个常见的家伙啊!

To a Flowering Tree, Name Unknown

It had a home at Ssang-gye Temple,
And now here at Chun-un Temple—a quite common fellow.

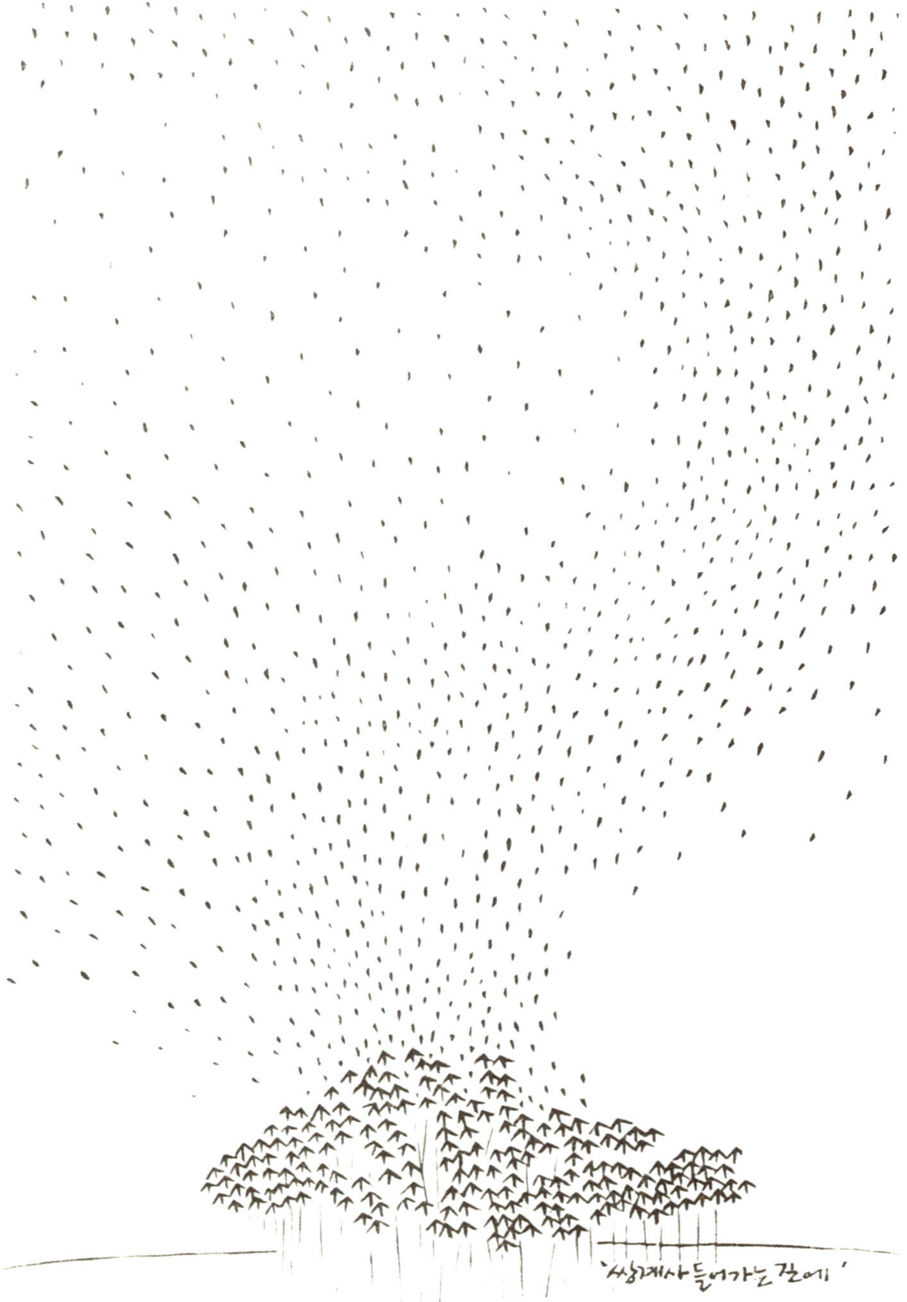

이제 되새들 다 떠나 버렸다 한다. 허공에 새떼들 한낱 기억일
따름. 종이 위에 붙잡힌 되새들도 실상 없는 것이라 한다.
보이는가? 새 없는 그 자리! — 안 보이면 말구!
'대나무는 그 빈자리를 얻고…' 철수 94

眼睛所见的身躯
遮住了你的心
就像心成为难题一样
你的眼
总是先看到生动的有形之物
应该抛却鸟群
去看它们留下的空白
这实在不是件易事
但画画的白纸
原来就是背景
就是虚空本来的住所
把心放在那里
去生活

—我要把那家伙抓住烤着吃!

竹林，留下了那片空白…

去双溪寺的路上，麻雀们都飞走了
虚空中，只留下鸟群的印记!
纸上留下的鸟儿，
也不过是虚无的存在，
看见了吗？那鸟儿不存在的空间？
看不见的话，就别看了!

Bamboo Gains an Empty Spot...

— On the path to Ssang-gye Temple
It's said the finches have all left now, just a memory of flocks in an empty sky.
It's said the finches caught on paper, too, do not exist.
Can it be seen? The place without birds? If not, no loss.

그 깊은데
상원암
철수94

即远又深之处
用尽力气
慢慢寻找
才知其之深
那深远之处
开车过来探访
则是白费功夫
想着“如果有时间的话，就再去一趟吧”
如此去了又来
又怎么能叫做踏查

上善庵
那名字的意味　走到哪里　都觉得深奥
去那里的路　安静凄凉
告诉我去路的人　在春天　离开了这个世界
松树的香气
那深远之处
依稀可见华严寺
多像梦一样
我的师傅！
他　独自去了　那深远处！

- 정진중이라 인적 없는데, 뜰에 산목련 꽃망울 겨울을 춥게 난다. 봄날,
꽃처럼 환해져서 나서는 이는 산목련 밝은 꽃과 만나서 좋지. 철수 '04

仅从外面看那屋檐的轮廓
就可知道
那家里人的心情
窗户很大，屋里会冷
屋脊很长，家眷必多
生活，恐怕一定不会阔绰！
虽是有学问的家庭，
却家徒四壁！
只有床和凳子可以坐
为了供养这个家
累弯腰，努力工作
如果外面春花灿烂
人的心里却是暗淡无光，无所寄托
那该有多痛 该有多苦？

春天里的一天

因为是在修炼中，所以这里人迹罕至；
院子里的野木莲花，经过了严冬的考验。
在像山花一样灿烂的春天，
遇到明朗的野木莲，真好！

A Spring Day

Engrossed in devotions, no human sign;
In the courtyard, wild magnolia buds survive the cold winter.
On a spring day, to step out bright like flower,
What a joy to encounter radiant magnolias!

대승사
산신각 아래,
마른풀 열매가
부르는
겨울노래를
나는
이렇게
들었다.
· 마른풀의 노래 ·
철수 '94

因为有你在这里
所以不用听那些带“杂”的词了
如果在水田里
你也象杂草一样被称为“杂种”
这个世界就是这么艰难
不用辱骂，话中不带“杂”的世界
好像越来越远

大乘寺最高处
山神阁的下面
干草的种子
在风中飞扬
虽已久未去过
但可知那家人
依旧在那儿生活
有人去过那人迹罕至孤独寂寞的地方
回来说好像听到些什么！

我猜，
干草会说，
实在是无聊！
我什么都没说，
他又怎会听到我的话？

冬天的歌

大乘寺
山神阁的下面
我听到干草的种子
在唱着冬天的歌

The Song of Dry Grass

Below the Three-Spirit Shrine*
Of Taeseong-sa Temple,
I heard the winter song
Of ripe grass.

*On raised ground behind the main temple complex of most Korean Buddhist temples is a small shrine dedicated to three Spirits that are originally not buddhistic.

어이! 성전암에
성철스님 아직 계시던가?
아니오! 거기 가니
적적하고 인적없어
그저 돌아옵니다.
— 성전암 다녀오는 길에 、

'이정표' 철수 '95

多年前去过圣殿庵
听说一个愚蠢的家伙
来寻找过人离开后的痕迹
那里开了又谢的花树笑了
经年的古树也笑了
那神情就好像在说
我知道你为什么迈开脚步！
这里又有何好看？
要你白白走一遭！
耳边响着它们的责备
下到山脚
在长长的柏油路上奔跑
途中遇到一个这样长满松树的山包
那个山包向我问道

—喂！去圣殿庵的那人，你是谁？
—知道吗？

—不知道，走啦！！

路标——去圣殿庵的路上

喂！圣殿庵的性徹师傅
还在吗？
不在！去到那里，
寂静无人，只好原路返回。

Milestone—On the way from Sung-jon Hermitage

Hey there! Was the monk Sung-chul
Still in Sung-jon Hermitage?
No! When I went there,
All was deserted—
No sign of anyone.
So I just came away.

이철수

幛杆上
一面破布旗
每一面都是空白
一言不语……

— 今天破布也长了嘴！

냄새고약해 !'
一退翁 떠나신 소식을 듣다

不论是谁
都会有
抛弃自己
活了一世的躯壳
离开这世界的一瞬间!

听闻退翁先生离世

伽耶山上的松树
还是旧貌依然
是谁在烧东西?
如此难闻的味道!

Upon Hearing the News that the Monk Sung-chul* has Gone

The pin on Mount Kaya*,
Huge as always!
Whose is the burning smoke?
The odor so foul!

*Sung-chul is a famous Korean monk who died in 1993 at Hae-in Temple, one of the main Korean Temples, which is located on Mount Kaya.

— 에라! 죽은자들이 산사람 하나를 떠나 보내는날, 만장 없다. 만장쓸데 없다.' 상여' 철수
'92

随逝者而去的
摇铃声、挽歌以及祭幛的队伍
是人们告别的仪式
在这个世界上
留恋的东西过多
尾巴自然会变长
云彩和高树
永远只是
安静地挥挥手
做出离别的问候

就像那静静地钻进
湿气深重的草丛
安静地卧在那里的鸟儿!
路上即使只有一面引路幡的告别仪式
也并不少!
如此消逝不见的人生
岂不更加美丽?

葬礼

几个死者
送走一个活人的那天
没有祭幛!
祭幛又有何用?

Funeral Bier

No flags on the day when one alive is sent away by the dead.
Flags are useless.

— 달마가 동으로 오신 뜻이 무엇입니까?
— 뜰앞에 잣나무니라.
— ....
— 아이고, 저놈의네 잣나무 다죽인다!
‘잣나무’
철수92
이철수

传说达摩曾来过东方
现在只剩下一些莫名的猜测！
没有再也不来的理由！
造物主的院子里
千年的柏树
依旧苍翠不已
看松鼠在树丛里
不停地飞来飞去
这柏树
有多么枝繁叶茂啊！

柏树

—达摩来到东方有何用意？
—院子里的柏树！
— ……
—唉呀！那个老头 把柏树都弄死啦！

White Pine

"What does it mean-Bodhidharma came east?"
"The pine in the courtyard."
"……"
—That old man, he's destroying the pine!

'원효'
철수 '95

— 원효가 서쪽으로 가다 돌아 오신 뜻은 무엇입니까?
— 여기서 나서! 여기서 죽으면! 복 있다!

都说
元晓法师
去了唐朝
又回来了！
在我们那个时代
在我们的头脑里
那是他人的土地！
用他人的头脑
他人的心胸
生活了千年！
现在
难道不该
用我的头脑
用我的心胸
去生活吗？

元晓

——元晓去了西方，又回来了，他意欲何为？
——在这里生！在这里死！才是福！

Wonhyo(617~686)

"What's the meaning of Wonhyo's giving up his journey west?"
"Blessed is one who is born in this land and dies in this land."

내 안산은 저산지나 저 건너 별에
솟아있거니. 내 떠난 뒤에는 이자리에
바로 묻어라. 어디나 명당, 어디나
혈처, 문밖에 나설 까닭이 있는가?

都说
明堂之所可以让人幸福
如果墓地找得好
天下的荣华富贵都可以得到！
看到人们为了那明堂相互争斗
说不相信恐怕也难
已经拥有一半天下
得到这地方似乎就可以得到另一半
但是
就算这风水地理确有道理
却难以确信
拥有这么多一定就会幸福
因为，
我从未见过
拥有得多就幸福的！

望月

我所面对的山
层峦叠嶂之后
那遥远的星光
我死后
请把我埋在这里
哪里都是明堂
哪里都是好地方
如此，何必要到门外去呢？

Moon Viewing

My tomb towers beyond the mountain, there in the stars.
Once I’ve gone, bury here.
Anywhere is auspicious, anywhere a cave.
Is there need to step outside?

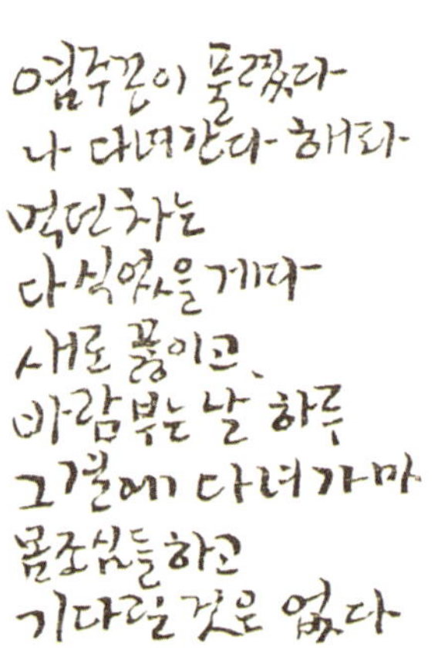
염주끈이 풀렸다
나 다녀간다 해라
먹던차는
다식었을게다
새로 끓이고、
바람부는 날 하루
그길에 다녀가마
몸조심들하고
기다릴것은 없다
—

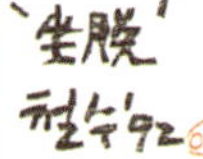
'坐脫'
철수'92

念珠
穿上了新绳还可以再用
有了新主人看着它被拿着到处走
不错吧
茶壶里
常烧着水
没有消息就是好消息
虽是这么想
风经过身边时
还是偶尔会竖起耳朵
陌生的鸟儿来了又走了吗?
来喝杯茶吗?

坐脱

念珠的绳儿断了
我知道要走了
喝了一半的茶凉了
再煮煮吧
风起的时候
我将随它而去
保重
没有什么值得等待

Seated Deliverance

The beads unstrung.
Say I've gone away.
The left-over tea cold.
Bring it boil again.
I'll be gone.
Take care.
No need to wait.

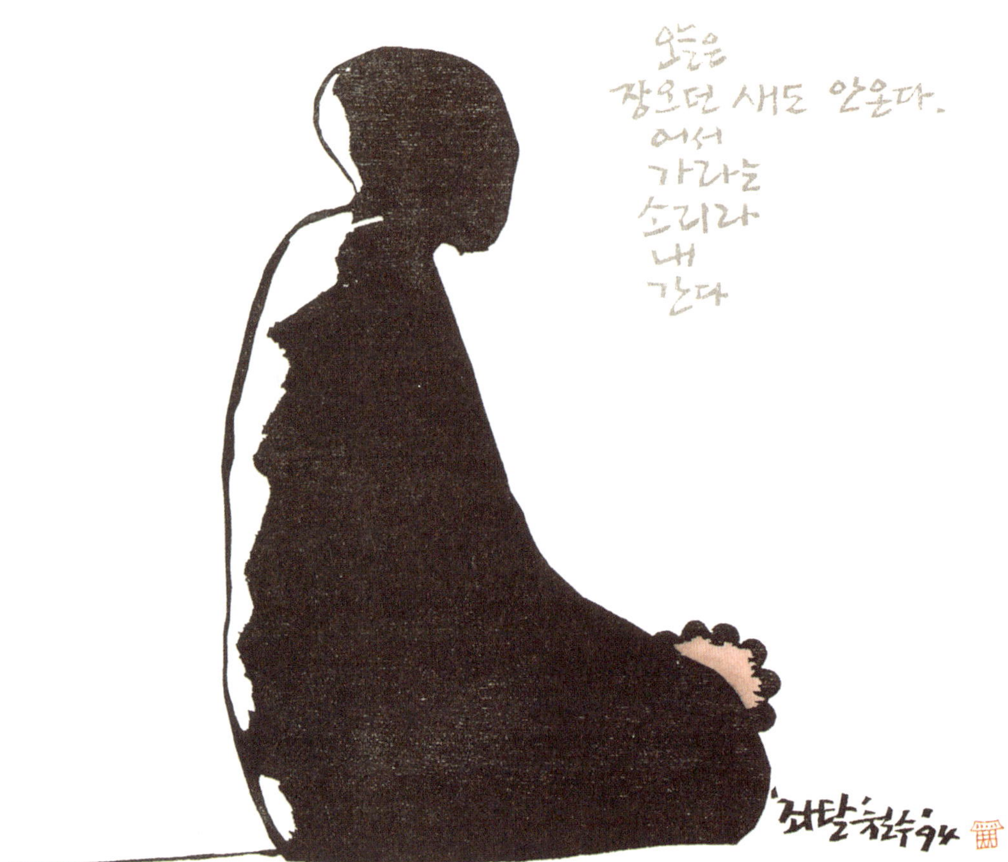
오늘은
장오던 새도 안온다.
어서
가라는
소리라
내
간다
'좌탈 철수 94

就像来时一样
那个人
走的时候
同样两手空空
悟得道理之后
总是
两手空空
总是
心也空空
烛光灭了
走了
点燃烛光
还会再来！

坐脱

今天，常来的鸟儿
没来！
有个声音
好像在说
快去！
于是
我走了

Seated Deliverance

Today, not even
The usual bird
Comes.
Just a sound
—'Hurry up and go.'
I go.

나는 그대없고 나없는 자리로 가거니와
그대들은, 그대를 위해,
그대 안에 있는, 그 깊고 자그마한 슬픔을 일깨우라!
쉼없이!

'立亡' 철수 95

安静之处
悲喜自现
也没有死亡
据称
那愚蠢之人
一生用扫帚去扫那灰尘
一边也把心里的空间全部扫光
不识那心之居所
独自看住悲伤
而生活和那内心的欲望
一起挣扎!
财产多，担心也多
债，全还了
才干净，才清爽!

空亡

我去了没有你也没有我的地方
你们，为你自己
请把你自己内心深处，小小的悲伤，唤醒!
一刻也莫停!

Standing Death

I go where there is neither you nor I.
For your own sakes,
Open your eyes to the deep bit of sadness within!
Without rest!

야심하여 바람없이 꽃잎지는데 늙은이 눈에 졸음이 가득하다
—나갈라네. 졸려서, 그냥갈라네.

困了，就睡
饿了，就吃
才是大丈夫要做的事
这帮偷饭吃的家伙！

问凋谢的花
不吃不睡
花可会开？
花儿无声
边笑边落

抵挡不住睡意
会睡着
抵挡不住某些东西
才会死的吗？

坐脱

无风的深夜
花瓣飘落
老人的眼中
满是睡意
我想走
困了
就走了

Seated Deliverance

Deep in a windless night, petals fall.
The old man's eyes full of sleep;
I want to go, drowsing, just go.

봐라
꽃이다!
봄날이
길떠나기는
좋지
가야겠다!
있거라.

花，开了
明晃晃的一片
它绚烂
所以我也灿烂

与那绚烂的花
对着笑

花有花开的意义
我有见花之欢喜
多么美好的一天！

坐脱

看，
一枝花！
春天里的一天
有多美好
我要走了
保重！

Seated Deliverance

Look,
A flower!
How good to set out
On a spring day.
I've got to go.
You stay.

가을이라 그가지는구나.
나도 지느니. 고요한 소멸이라..
떠들어 알릴것 없다.

一只鸟儿
躲开我
飞到那棵树上去了
你原来
是知道我的！
是一瞬间
就知道了的啊

坐脱

秋天了
它也谢了
我也在凋零
安静的消失
无需吵闹
无需喧哗

Seated Deliverance

Since it's autumn, it's falling.
I'm falling, too—soothing loss.
Nothing to be gained by rattling away.

앉아서 떠나기도 쉬운일이 아니더라. 나는 작대기하나 짚었다.
너희는 편한대로 오너라.

追求悟道
修行精进
常常会流于表面
成为某种形式

听说从前某个修行者
他的愿望就是要坐着离开这尘世
于是在房间里点燃了煤火
最后却要死要活地挣扎

只求活得表面上相似
和那坐着求死的蠢事
也没什么两样吧
世上的微小生物
其实比人高明
那为了一棵白菜
过了一生的青虫
从不伪装地生活
从不伪装地死去
一只青虫，只轻轻一压就会被捻死！

坐脱

坐着离开也绝非易事
我需要一根拐杖
你们怎么方便就怎么来吧

Seated Deliverance

To sit there and depart has not been easy.
I grasp my staff.
Come at your leisure.

깨달음이
내 손님으로 오실 때야
피해가지 못하지만
나가서
불러들일 일이야 아니지.
나의 생애가
적적하기만 하여
손님 받을 겨를이
없었다.
이제 되었으니
그만 나가서
문닫아 걸어라

寂寞安静的人生好久都没有过了
每每来到美好之处，
就会有装着轮子的东西
像蟑螂一样四处爬来爬去
扔下脏物
连适合远望的山顶寺庙
都有蟑螂爬上来又爬下去
出去，把门关上！

坐脱

开悟
只有不速之客不请自来才不会有损害
而不是出去邀请才会来
我的一生
寂寂无声
无暇接待客人
现在好了
出去
把门关上吧

Seated Deliverance

When awakening comes
As my guest,
I cannot stan aloof;
But it’s not like going out
Invite someone in.
My life has been solitary,
No time for the guest.
It’s time,
So just leave and
Close the door.

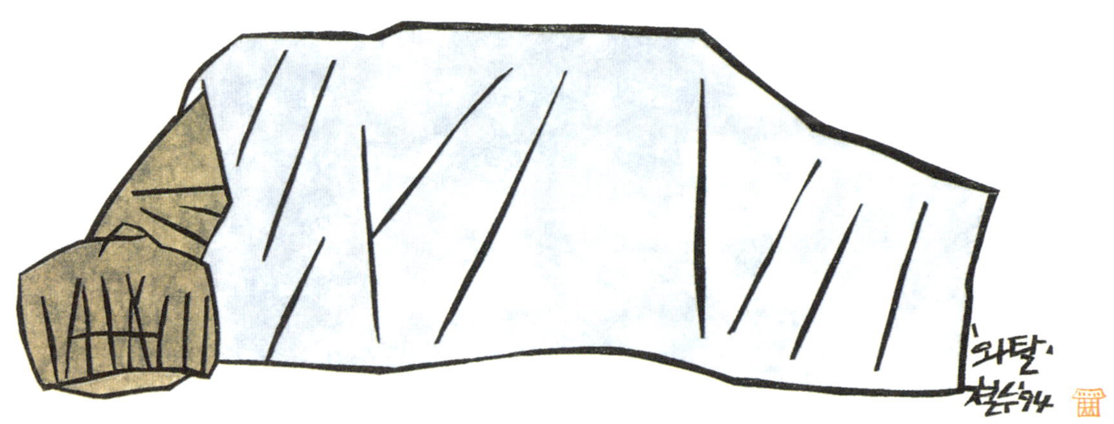

나는, 세상이, 죽으라! 죽으라! 하여, 어쩔수없어서 죽는것인줄 알아라. 나는 생각없었는데, 떠난다. 잘있거라!

机器旧了
就成为无用之物
冰箱、汽车、电脑
无一例外
越是先进的机械
一坏就成为垃圾
而用手工制做的旧物
用得越久
就越舒服
越觉得美妙
不由让人重新思考
尖端到底是什么?
有深度、有美感的老景
现在越来越少见
难道不是时代的错误吗?
雪上加霜的是
因意外而来的突发事故
导致的事故死或是非命死
反而越来越多
存在的根本在动摇
这是个没有根的时代!

卧脱

这世界在说,去死吧、去死吧!
我没有办法,只能以为自己死了
我无念无想,就此离开。
再见吧

Deliverance Lying Down

Since the world says, 'Die!'and there's no way out,
know that I'm dying.
I hadn't thought about it, but I'm leaving. So long.

— 덮은 이불이
천금 이로구나.
먹고 입고 쓰는 것마다
가벼워야 하거늘…
'臥朕'
철수 '94

这个时代什么都不缺
想要贫穷似乎都很难
翻翻用完后被扔掉的东西
拿来用都能过得很奢侈
这世界的生活
一句话来说就是两个字“浪费”！
艰苦的生活
才有深度
才美！

卧脱

盖着的被子
仿佛有千斤重
吃的、穿的和所用的
应该轻才对！

Deliverance Lying Down

The blanket
Weighs a ton.
Anything to eat, wear, or use
Should be light...

평생이 어두웠습니다.

生活在这个世界
要说轻可以比羽毛还轻
要说重却比泰山还要重
在这路上成功和失败
曾以为是世人的评价
结果却不过是我们心中的事

我做过的事 犯过的错
一生总是可以一眼看过
自己看自己
要是觉得暗淡
那可拖延不得！

坐脱

这一生，终是灰暗。

Seated Deliverance

Life has been dark.

이 사람들아, 봐라!
시간 없다!

시내버스, 안 기다리는거 알지?
이제 나는 모른다!

'좌탈'
철수 '95

老人的牢骚话
就像是深秋的稻穗
在风中发出的声响
深沉的嗓音
如果用谦虚的心认真去听
说不定能让你吃饱饭
不等人的是时间！

—喂，你们这些人！
　没时间啦！老人在担心呐。
—谢谢啊！

坐脱

你们这些人，注意啦！
没时间啦！
通往市区的巴士不会等人吧？
现在 我可不管啦！

Seated Deliverance

All of you, look!
There's no time!
The bus doesn't wait, you know?
As for me, I no longer know!

대숲에
바람 범람하던
저녁.
내 곁에 차 한잔
저 혼자 식는구나
그도 다신이라
나 간다.
'다신' 철수 95

一杯茶可会有心?
独自一人安静的双膝跪坐
整个身躯似乎突然就会变成一团心
一杯茶中满是我心
碧绿的竹林里
波涛汹涌般的风声
我的心随之泛滥
无法收拾
心已流到竹林外
不再回来!

茶心

竹林
晚风充盈其间
我身边
一杯茶
兀自变凉了
这就是茶心吧
我走了

A Lot of the Mind

The evening
The wind was flooding the forest.
By my side,
A cup of tea
Cools off alone.
It, too, has a lot on it's mind.
I go.

길위에서
길을 찾는다
몰라도 그길
알아도 그길
우리들의 삶
그렇기는 하지만
떠나려니
부끄럽다
길위에서
길을 찾지 못하였다

'길' 철수 '94

在那路上
我们相遇
在没有路的路上
我们一起走
有宽路
也有狭窄的小路
那条路
几个人
也可以
一起走！

路

在路上，
寻找道路
找到了，是这路
找不到，也是这路
我们的人生
似乎也不过如此
想到离开
却感到羞耻
因为
在路上
却没有找到路！

Way

Seeking the way
Above the way—
Though unknown, the way
Though known, the way—
That's our life;
But I depart ashamed.
I haven't found the way
Above the way.

눈보라가 거칠어 눈뜨지 못하겠다. 눈감고도 보이는 길만 길이다. '눈보라'

철수'95

草绿色的路标
上面清楚地印着
每个地方的名字
还有大大的英文注释
但是
世上却没有路
没有通往心的路
在那条路上
四处寻觅
啊
甚至连眼睛也没有!
而没有眼睛的我
却在找路!

雪花

雪花漫天
睁不开眼
闭上眼
也能看见
那才是路

Snow Storm

The snow so rages, you can't open your eyes.
The only road is the road seen with eyes closed.

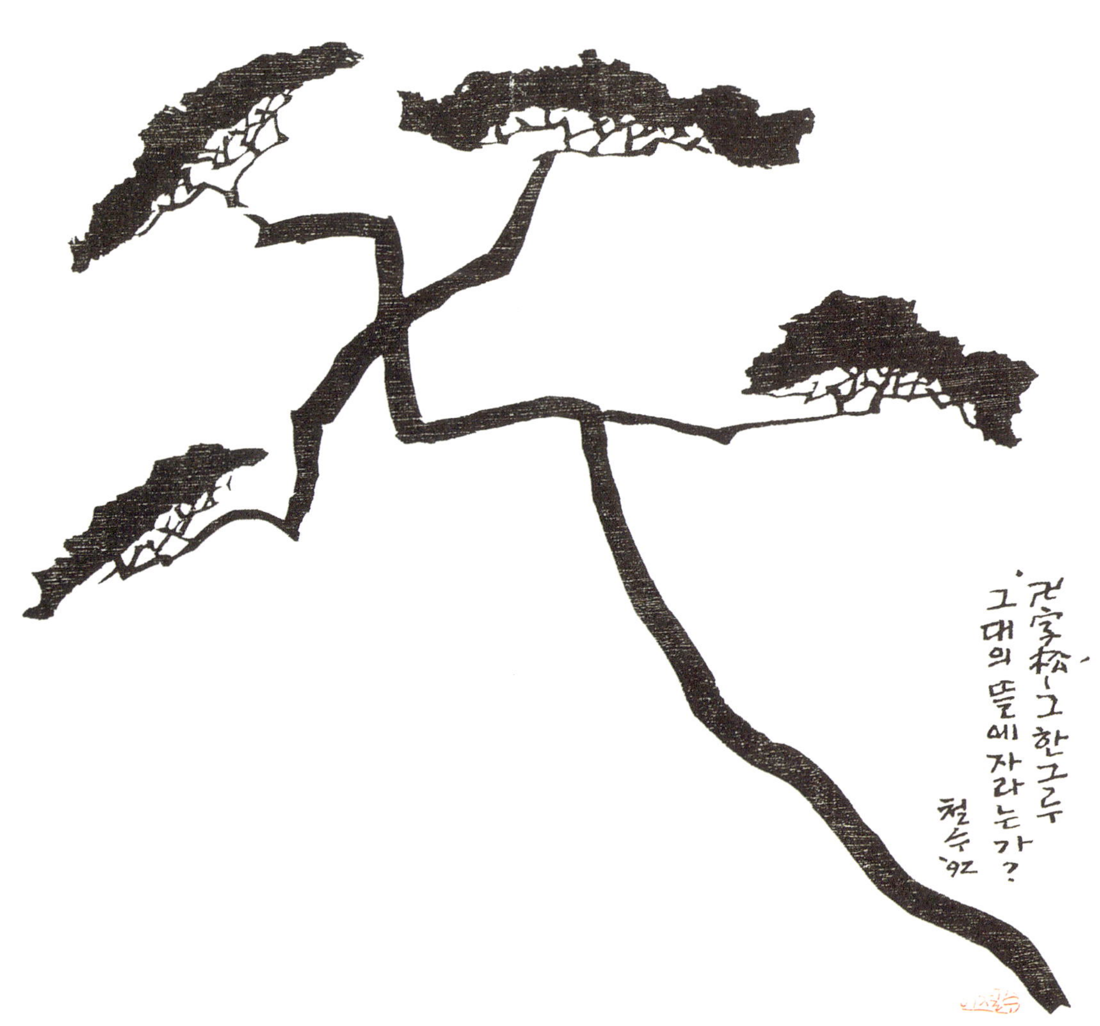

'卍字松' 그 한 그루
그대의 뜰에 자라는가?
철수 '92

据说
领悟到自己内心的风光
才是大丈夫要做的事
话虽没错
不光是大丈夫
男女老少
无论是谁也都应该去这么做！
世界已经到了快要抛弃人类的地步
纸醉金迷、灯影重叠
灯火辉煌之下
是那逐渐枯萎、
日益堕落的青春
以及那毫无用处、虚度光阴的中年和老年
现在
破灭的阴影
越来越重
所有这一切
如果说
都是因为扔掉了你的心
可能会有人说太虚无
但结果
都是因为
这颗心！

卐字松

长在你的庭院里吗？

Swastika-shaped pine

Does the lone pine grow well in your courtyard?

'소나무,
의발을전하다.'
철수'92
이철수

画松的作品中有一幅为人称道的“岁寒图”
而墓地两边栉比的松树
仿佛比“岁寒图”里的松树更有风骨
几年前听说松树正在干枯，心里很是着急
近日传来消息，筷子粗细的小树
正从老松树的阴影下一棵棵长了出来
突然想起一部书里说过
老人与枯死的树木不过是寺里最自然的风景
那么小孩子和小树也不能不称为最自然的风景吧
老幼在一起和睦相处，那场面岂不是更美丽？
在追求效率和速度的时代
对于逐渐老去的事物似乎没有太多尊敬
但是单单看到那在地上笼成一个巨大树荫的榉树，
就知道老去是多么的美丽和有意义了！
老年要做的事情，就是守候着一方领地
让他所荫护的一切生命可以平安地休息
一边想着即将逝去的生命
一边对着那些幼小且不谙世事的生命说几句话，
这些就是老年还能做的不多的几件了吧
画中的那棵松树是了解了生命、在向我传达这个消息呢吧
突然好想知道他向那棵小树所传授的讯息！
好像天上无声的惊雷！

松树，在传授衣钵。

The pine tree bestows its mantle
on its disciple.

'黄葉秋色' 철수 '92
白雲曲을 노래하되 巴歌를 저어하지 않음이라. 가을 더깊어야 듣게되는 소식.

疲惫了
身体要躺下来休息
从这件事里就可以知道
人到底是个什么存在
死去的躯体
要是了解了
什么是寂寞
就可以看得更清楚
人——终归要回到寂静之处

我看过深秋
充满着庄严萧瑟的气氛
在色彩斑斓的深秋面前
也就不难猜测冬天的白发
也就不难理解
春天的幼稚和夏天的顽皮了

黄叶之秋

唱一首白雪曲吧
无须担忧巴歌
那是秋深时
才会听到的消息

Autumn Gold

Singing the song of white Clouds, no fear of a vulgar tune.
Tidings heard only deep into autumn.

'손가락도 없이
떠오르는 달'
철수92

在谎言流行的时代
应该先观照自己充满虚伪的内心
观照之后自然清楚
心中升起一轮明月又何须手指?
太阳落下
月亮升起
花开花又谢
人生生又灭灭
在那地方
自然会来的东西
自然会来
只有狗和人
愚蠢不解
对着月亮
徒然而吠!

没有手指升起的月亮

The Moon Rising without even a Finger

아!

'허공에 목매다는 사람' — 산벚나무, 꽃피었는데… 철수 '92

腐败变质的豆子
被遴选出来
丢进了肥堆里
而这些瘪瘪地、烂透了、生了病的豆子
却又冒出了饱满嫩绿的芽
原来在它里面
还蕴藏着一个完整的新生命啊！
真是万分抱歉！

将我心中的黑暗尽数抖落
野樱已经开花
要活下去！
艰难的生活活下去也会有喜悦
愚蠢的家伙才会自己把自己的生命放弃！

在虚空中上吊的人

啊！野樱树开花了！

Hanged Man in the Void

Ah! Wild cherry in bloom...

'낯뜨거운 南北東西' 철수'92

心中的角落
如果有色盘踞
如此
互相都觉得脸热
真是无颜以对！

'南北東西'一[illegible]'92

心中的角落
如果有黑暗和阴影
有令人郁结之气盘踞
总令人不畅
肚子和心一样
只有放出一个响屁
才会觉得舒畅！

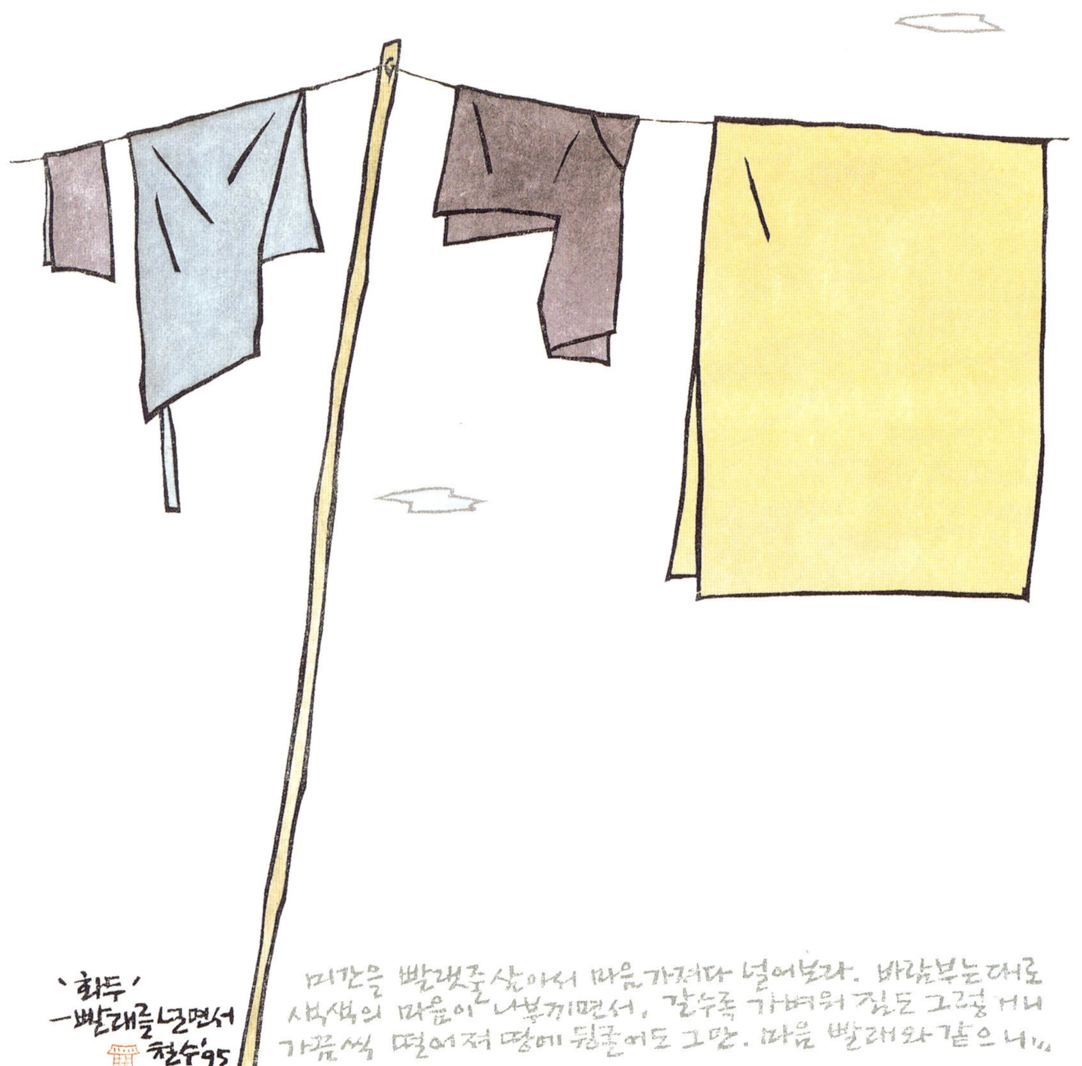
'화두'
—빨래를 널면서
철수'95
미간을 빨랫줄 삼아서 마음 가져다 널어보라. 바람부는 대로
색색의 마음이 나부끼면서, 갈수록 가벼워 짐도 그렇거니
가끔씩 떨어져 땅에 뒹굴어도 그만. 마음 빨래와 같으니..

静观已心
仿似装满五色彩纸的万花筒
华丽异常　变化无常
心之变幻　一眼可见
而那颗心
从何而来？

把衣服挂起
天空亦被晾起
那天空中
可有云皱起？

寓言——晾衣服

把你的眉间当做晾衣绳，
把你的心挂上吧！
风吹过，心摇动，
变得越来越轻，
偶尔跌落，在尘世间打转，
心岂不像衣？

Parable—Hanging Out the Wash

Use your brows for a washline and hang out your soul.
The more a motley-colored soul flaps in the wind,
The lighter it gets.
No matter if it falls down at times and rolls about on the ground.
For a soul is like the wash.

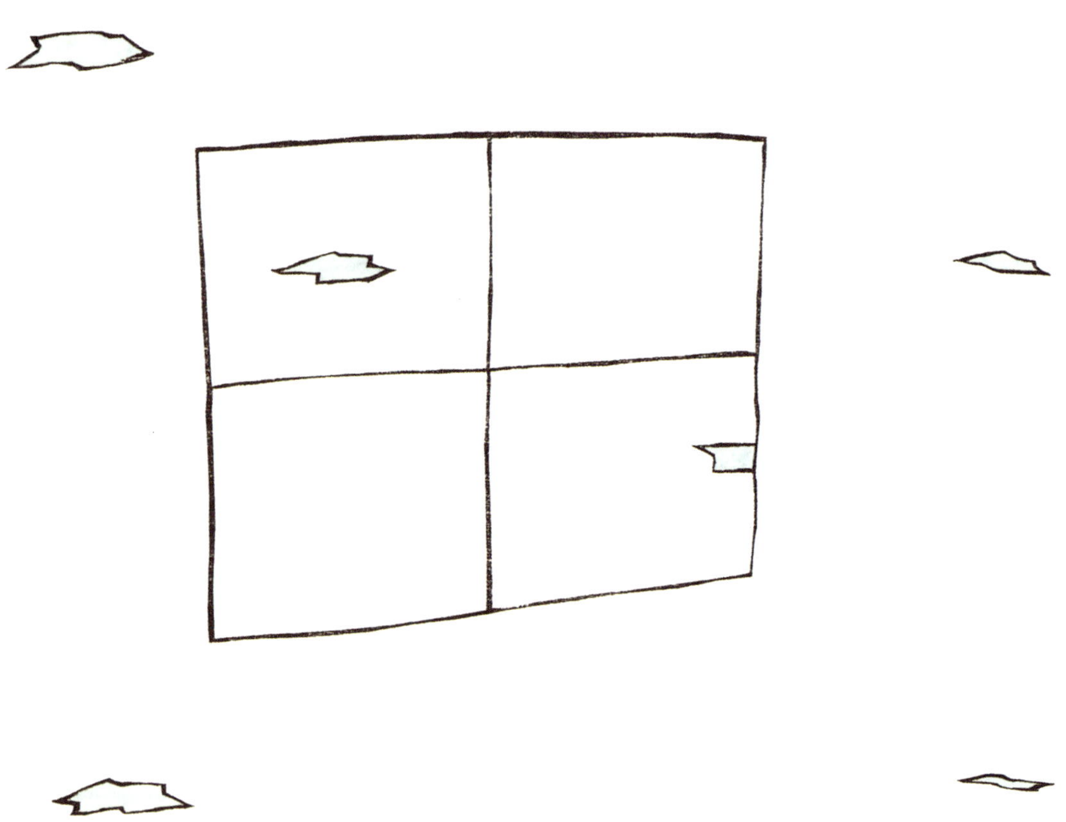

'창있는 하늘' 철수'95

不禁想问
离开这个世界时
留在你眼中最后的风景是什么?

不知道的话是没有眼睛的人
知道的话是早已死去的人

打开窗户看看
那一天
虚空中
定会有白云飘荡
即使关上窗
虚空中
仍会有云在游荡

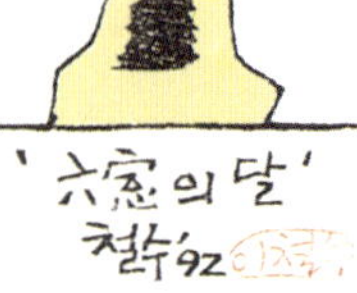
'六窓의 달'
철수 '92

工作直到夜深
来到院落中
远山深沉的轮廓上面
峨嵋月和闪亮的星星
仿佛在守护着夜空
原来在那里
也有着守护我疲惫生活的精灵啊
回望黑暗中
在依稀的月光中
也有照亮我的存在的东西
那就是锹痕依旧鲜明的泥块，
低矮的屋檐
还有那远处的柏树
在春天的夜里
它们突然显得格外美丽
白昼阳光强烈
那温暖和炽热是孕育世界的力量
但在黑影中
这没有热气的稀疏的月光
就能让我如此心安
仅仅分享这一点
就可以让我活过一季又一季
冰冷却能治愈人的月亮
和那明亮却又变暗的心
又有什么不同？
六扇窗中的月

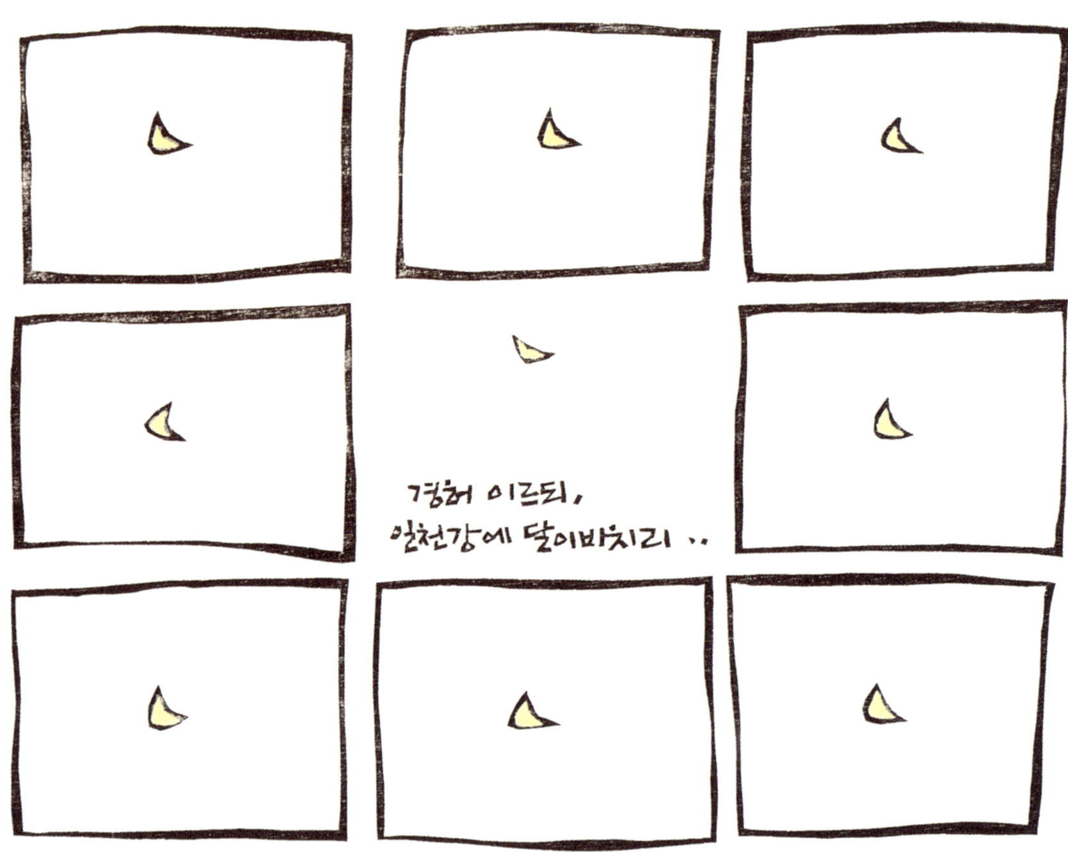

억만의강에 달이 비치고 있습니다. 스님! 'TV에 비치는달' 철수'94

月印千江
一轮明月
映照千条江水之上
多么美!
同时还兼具智慧的光芒和力量
电视里那小小的画面
映照出无数的映象和信息
它的影响即使不是智慧
也是毫无界限没有阻碍
聪明和智慧的语言
在哪里呢?
好想知道!

渡过一条大江
才知道腐水也在流动
在远处不灭的城市灯光洪流中
变得越来越淡的月光
照耀着
多么熟悉的景色
而我却在流泪!

电视里的月亮

景虚大师曾说
月照千江!
现在
月亮
正照在
亿万条江上!
大师!

The Moon Shining on the TV

The monk Kyung-huh said,
The moon will shine on the river of a thousand...
Reverend Monk!
The moon is shining on the river of hundred million.

배꽃 하얗게 지던 밤에,
한생애가,
빨리 흐르는 저
별똥과 같음을 안다

·배꽃' 철수'94

抬头看天空
才知道抛开一切生活
是正确的
清澈的夜空
繁星点点
无穷无尽
偶然会有流星
天上的星
某个时刻
也会坠落
就像花儿坠落
天空坠落的是星星
地上坠落的是洁白的梨花
人也会坠落
看星星坠落
和那看梨花坠落的人
最后也会坠落

梨花

洁白的梨花
夜里
无声地坠落
突然发现
一个生命
正如这夜空中
飞快消逝的流星！

Pear Flowers

On a night when pear flowers
Have fallen all white,
To know that a lifetime
Is like shooting star
Suddenly coursing there.

인기척에 참새들 날아오르다. 고요하다. '새' 철수'94

也有这样的瞬间
用毫无心机的眼睛
静静地
看外面的风景
看人们的一生
看秋天的鸟群到处觅食的景致
用这样的眼
静观自已人生
每个角落
和每个头绪
独自不安
有多么凄惨
才知道
那个凄惨不安的存在
就是自己！

鸟

麻雀
听到了人迹
于是
向天空飞去
一切
是多么宁静！

Birds

At the sign of a human being,
The sparrows fly up.
Silence.

궂은비 오시는 날, 마음에 내리는 빗소리 그 마음 남겨두지 말라.' 철수95

下雨的那天
坐在外面的廊上
看到的风景中
最近的便是那水珠滴落的一幕
渐渐地
把心交给
我一个人在听的雨声
那降落的雨水
就像来到门前的一双脚
安静的站在那儿
我自己
则变成
一颗无限缩小的心
世界仿佛突然只剩下这事
外面的风景
所有的一切
都突然消失
世界不过就是这水滴
都抛弃
一切反而都是新的!

别将心留在这里

细雨飘落之日
那落在我心上的雨声

Don't Leave the Soul Behind

A blustery day, the sound of rain falling on the soul.

飘　零

—— 发现李喆守的版画世界

方振宁（艺术家、评论家）

发现李喆守的世界，完全是偶然。那是2012年5月底，我受釜山东西大学的邀请，参加该校建校20周年的国际设计论坛而初次前往韩国。利用会议的间隙我去了首尔，主要是拜访裴炳雨先生和参观一下三星美术馆，我在该馆里的书店发现一本李喆守的作品集，是他从事木刻三十年的选集，即从1981年到2011年间出版的版画散文集中选出了代表作品成册。

对我来说，韩国版画家的名字是陌生的，我在书店里翻看了几下就立刻买了下来，在从首尔飞回釜山的飞机上一直看这本画册，真是喜欢死了。日后在网上查了一下，发现中文里介绍李喆守的版画实在是少的可怜，而我是凭直觉买了他的画册，借助画册中的日文进行阅读，回北京第二天我就在自己的博客上行文介绍，题目是：日常的最高 —— 韩国木板画家李喆守。

在韩国，李喆守被誉为“民众版画家”和“哲人”，其实他的作品是诗与版画不可分离的结合。从 1980-1989 的作品来分析，李喆守确实是一位民众版画家，所谓民众版画家，首先他是自学成才的，而描绘的对象又是以民众为主，特别是民生中那些疾苦和愤怒，这些和他后来那些超脱飘逸的禅味版画风格实在是有着天壤之别。

可以说，李喆守的艺术是在 1989 年接触佛教之后有了诗意的再生，但在他转向禅画之前他已经有过创作基督教版画的经历，而明显的转换点是在 1988 年前后。李喆守的版画有着诗意的内涵，每一幅都是生活中刹那的一瞬，有天真、有想象、有怜悯，总之，我感受到他的慈悲。1989 年他为尹伊桑所设计的唱片封套设计，已经有了未来风格的雏形，主要是他把视线集中在单一和微小的物体上。比如：木、松、曼陀罗、山、朱雀、佛、舞、天和雁等等。

1990 年他刻的“快乐我家”（1990），描绘的是在一只鞋子里快乐的一窝小鸟；而另一幅画了一个头朝下的牛头，有一滴眼泪正在下落，题为“牛哭泣，没有耕地”（1990）；“星”（1990）表现了一个僧人泛舟在摘取天上的星星，为的是照亮他的僧屋；“大窗”（1990）是一个僧人独卧窗前念经，背景是一扇没有窗格的巨大正方型的窗户，空中有十六个小点缓缓下落，那或许是雨？是雪？还是花瓣？

显然九十年代的十年间是一个多产期，2000 年至 2011 年的作品中加进了现代生活中的电子元素，比如条形码和电视遥控器等等，怎样把这些现代生活的产品形象自然融合到禅画中是新的尝试。“小家”只是画了一粒从豆角里出来的豆粒，而画家把豆角皮理解为豆子的家。有一对情侣对坐在一只小船上，河中有无数星光在反射，这就是版画“在星河上”（2000）。“空中飞鸟”（2003）哪里是鸟，是乌压压一群飞机和飞弹，这是诗意的反战。

这本《梨花飘落的夜晚》是诗画集，画笔寥寥，诗是帮助延伸阅读和想象的导读。关于诗，读者自己阅读即可，而我多余的话是关于画面的表现力。

比如“岁寒的景致”有一只黑鸟独立在树梢上，感受不到风，如有风，雪花不会那么静静的飘零，而天气寒冷则是真的，这幅画的意境在作者觉得与鸟静静相望是因为有缘；“一柱门”中两棵松树如同一座寺门，相互对望，互相守望，它位于破旧的国道旁，这有一点让人感伤；“风 —— 漂过瀑布的树叶”（1992）是描绘几片极小的树叶和一泻千里的瀑布之间的对比和反差，瀑布象征着奔流不息的大自然，而树叶就是轻飘飘刹那的生命；“无声的水，零乱的石” 画中黑色的石头衬出白色的水，那么水是什么？水就是无所事事，它缓慢的流过，就是水的心；“声音 —— 风起的日子，秋叶片片”（1992）整个画面被树叶和被风吹散的叶子所充满，一个僧人迎风前行。李喆守在诗中问：“记得吗？某位大师说过的话，不是旗动，不是风动，而是心在动！”如果我没有记错，应该是中国唐朝六祖禅师慧能所说的：不是风动，不是幡动，而是心在动！李喆守加上一句心领神会的妙语：一颗大树把自己的树叶交给了风；“去寺院的路上”这首小诗让我这个建筑评论家才明白，世上最好的房子的选址原来是选在心上；“空亡”是一首万般惆怅的小诗，写道：我去了没有你也没有我的地方。这一句好像是在空旷中发生了某种回响；象“雪花”这样只画漫天的飞雪，在诗中却说“雪花漫天，睁不开眼，闭上眼，也能看见，那才是路”，这雪花的景象原来是启示我们闭上眼寻路；“令人脸红的南北东西”有着绝妙的构图和立意，南北东西是一个坐标，四个方位交错的点在中心，而中心的角落如果有色盘踞，大家都会觉得脸上发烧；“有窗的天空”这幅画面上是窗里窗外都漂浮着片片白云，但实际上就是一幅在虚空中有云彩在漂浮的超现实主义的作品。

用文字来描述李喆守的版画世界似乎有些笨拙，最好的方式就是直接阅读。我的这些文字绝对不是导读，只是我个人的感受。每个人对他的木版画都会有不同的解读和阅读方式,这些感受之所以不同,是由于每个人的经历和阅历都有差异。

李喆守的诗版画在我的阅读经验中激起涟漪，最先跳到眼前的是伊朗导演阿巴斯·基阿鲁斯达米的诗句，那是我站在书店里读完了他的诗集《随风而去》，其次让我想起的是日本诗人松尾芭蕉（1644 – 1694）的俳句，当然还有被称为日本禅画第一人的仙厓义梵（1750 – 1837）的禅画。李喆守的作品来自日常的生活和务农，他以一颗平常心去发现那些周边的事物和事物的发生，让诗版画携带着个体的芳香，即使是描绘飞散在空中的蒲公英的种子，也让我们感受它那潇洒的飘零。

方振宁

2014.11.8 北京

“冲虚空寂”的世界

——李喆守的版画世界

赵正权　（韩国 诗人、美术评论家）

1

佛家的大师们，在对大众说的话里面，有一句叫做“破我执”的话。意思是“放下自心”，是对所有烦恼的根源 -- 欲望，所做的一个批判。

老庄思想中，经常把心比喻做莲花池，积水成莲池，自然悄无声。（庄子）李喆守的版画作品，应该用肉眼之眼来看。那是因为，他的所有绘画作品，都像是从一位想从欲望中解脱的出家者的安静、低调和谦虚中生发出来的。他的版画，和散文一起，成为反映一位殉礼者的心中风景的恭敬而又谦卑的记录。

德国的著名文学专业季刊《Die Horen》在 1996 年秋季出版的杂志中，曾选择了 20 多名韩国诗人，以他们的作品为主题出版过一期专刊。这其中遴选了李喆守的 4 幅版画作品。题为“与钟泰大师一起去双溪寺的路上”的作品是他在

1994 年所做的作品。广阔的竹林上方，数千数百只麻雀遮盖着天空，互相争抢着拥挤在一块。这一壮观的大自然的风景，他只用点和线，就生动地描写了出来。而在这幅画下面，有这样的几句话：

“鸟儿，一下子倾泻了出来，向着竹林，争先恐后！麻雀那么多，黑压压地一片，却和人不同，没有一个家伙会独占两枝树枝或三片树叶。它们，只是一起分享着这片竹林，只想在这里一起睡一觉而已。尽本分地活着吧，鸟群飞走时，空空如也的天空中，太阳落下，整个夜晚会变得黑暗，人也一样，睡着了就行了吧！心，飞出去吧！”

太阳渐渐落下的黄昏时候，走进双溪寺的竹林里，突然从天空中降下来一群飞鸟，就像枪林弹雨一般落下，他用一个个的点将这一瞬间所感受到的惊异捕捉了下来。看到这幅画，可以知道这位画家的心思是多么的纤细，他的隐藏在表面之下的直觉反应有多么敏感和内敛。此外，布满了天空的点点，就好像向下方同时又围绕着一个圆心做着环形的巡航运动，画面中间的留白似乎就是那个圆心。

以鸟群重新从竹林里一起飞出去为主题的画作，还有一幅叫做《竹林得到了那空间》（进入双溪寺的路，1994 年作）的作品，感觉大概是前面作品的延续吧。看着画面，似乎可以听到将天空遮盖得满满的鸟群扇动翅膀和鸣叫的声音，非常壮观。那些被用点来描写的鸟儿们，好像是在向空中疾飞的途中，突然改变了心意，于是成为一个个凝固在天空中绽放的焰火一样。如果夜晚降临，那焰火将会成为在夜空中各自绽放的一朵朵火花。但是，赋予这幅作品生机的，却并不是上升的点点所具有的生动的形象本身，而是在于群聚在一起向宇宙飞翔的点点们，所表现出来的空间的振动感，换句话说，就好像可以感受到蕴藏着某些巨大能量的形象瞬间凝固所产生的电流。

现在麻雀们都飞走了，虚空中的鸟群已成为记忆，被凝固在纸面上的麻雀所说是没有实相的，看得见吗？没有鸟儿的那空间，看不见的话，就别说了！

李喆守的这类“有”的画作中有许多潜伏的形象。作家想隐蔽起来的形象，难道不就是冲虚空寂的精神的世界吗？

与那些画面的中间有留白、同时还有瞬间凝固空间的振动的作品不同，用静态来表现的作品中，有一幅“岁寒的景致”（1992年作）。这幅作品中，一只鸟在树枝的末端，静等冬天过去，是一幅构图极其单纯、大胆使用省略技法、表现极为简洁的作品，将留白运用到了极致。用几个点描绘出落下的零零星星的雪花，垂直上升的、驱干部分被省略、只剩下外面轮廓的树枝、树枝末端孤独站立了一只黑鸟。这幅作品省略了背后的许多部分内容，让鸟和雪花互相对视，从而强调了两者之间的关系。这种构图方法，相当多的内容被割爱，对于用余下的空白更突出两者的关系起到了无言的辅助作用。毫无疑问，含蓄压缩的空白空间分明是包含了作家的观念上的想像的空间。这种简洁朴素的极简主义构图方式，似乎是继承朝鲜时代文人画的传统，又用现代的方式作了重新的解读和表现的一种尝试。

李喆守的《岁寒的景致》，与向来会表现出冲天的气概的传统的《岁寒图》不同，它更多地是借助弱小、无力的鸟儿，用作者充满人文关怀的视线，来表现和接近一般百姓过冬时的痛苦和艰难。从这一点来看，可谓是另一种心情和表象的《岁寒图》吧！画面中，雪花只有寥寥几朵，但却似乎在预告，它密密麻麻地隐藏在四周，到了夜里，就会转变为一场大雪，同时也象征着不得不在雪中过夜的鸟儿紧紧裹着双翅、在寒夜里瑟瑟发抖的命运吧！

可以充分反映李喆守充满禅的意境和趣味的作品中，如果选一部代表作，那无疑就是那部以禅为主题的“梨花飘落的夜晚”中的第一部“一杯茶”（1995 年作）。画面中心，茶几上放着一杯茶，那上面再画着竹叶。非常淡雅、简单的构图，却让人感受到茶香和竹叶的清香。茶盏仿佛是一颗纯朴和安静的心，给人以平安的感觉。茶托比起茶盏，显得更为宽大厚重。茶盏中盛着苦茶，最初，就像开水一样，无法抑制自己的内心波动，但慢慢地，就重新找回安定的感觉，找到了平常心，最后变得安静，到达了无心之境地。

一杯平平常常逐渐变冷了的茶，他却用它，很不寻常地，表现出了无心的境地。

一杯苦茶

独自变冷

心

也一样

苦茶，禅家里经常用来比喻内心。禅家中经常使用的冲虚空寂的话，就是抛弃杂念，让心变空。“一杯茶”所向往的精神世界可能就是这里吧！

李喆守的充满禅意的慧眼，在“寂灭”（1995 年作）中也熠熠生辉。在虚空中悬挂着的一丝线上，盘旋跌落下来的一片枫叶。在它下面，他顽皮地写了一首大众歌谣。

好好地在吧

我去了

离别的话儿

都不说

李喆守借用高僧的嘴，在说，我就像飘落的树叶一样，也在慢慢地消逝，这静悄悄的消息不需要向任何人通告。但他却看破，在这寻常的大众歌谣里，却隐藏了很深的佛性。

2

李喆守在韩国的版画界里是一个很少见的珍贵案例，他用他严谨的姿态，与制度圈内的主流美术家们拉开了距离，这时尤其可以凸显其特殊的面貌。首先他是个农民，并不是一个以版画为专业职业的专业美术人，但却独自开创了一个领地，独自走过了版画家的道路。这是其第一个特征。这让我们想起了 70 年代未受过任何专业的美术教育、通过自学开创了韩国的现代版画新纪元的元老版画家金相游。80 年代中期，李喆守出现了。从前一直被美术爱好者或富有阶层需求支配的美术市场，现在被潜在多年却逐步表面化的民众需求所支配，这种表面化的需求形成了时代的趋势，在制度圈外像野草一样生长。这种需求对于当时毫无任何名气的他，无疑是非常幸运的一件事。在制度圈里一直作为圈外人活动的金相游这时与已故的金守英诗人在文学上结下了缘分，开始在传统的木版画上，刻了一些古诗、禅师、韩诗、法句经等，将文学与版画进行了结合，并试图进行文人画风的尝试。但他的努力立即遇到了制度圈的冷嘲热讽（现在的美术圈，仍然严厉禁止在美术作品中插入文学性的表现），同时也被美术市场所不接受。于是在 80 年代初，他不得不抛弃版画，开始走上油画的路子。考虑到这一点，可以说，李喆守部分填补了被金相游抛弃的韩国版画的空白（金相游 1960 年代初期在东亚国际版画展上被外国评委评选为最佳作品奖，其才能是被国际社会所认可的，但在韩国国内的美术市场上却得不到响应。听起来好像很可笑，连画廊的经营者都说，他的版画总是画一些东倒西歪的茅屋，上面是一个孤零零的月亮，太过于民众化，无法刺激那些富有的太太们的购买欲望，所以得不到那些富有阶层以及想寻求装饰的人的认可。就连画个花，也都是在茅草屋后，几朵稀疏的白头翁花，门柱上往往写着“空手来空手去”、“焚香过一生”等不太吉利的文字，新买的住宅的墙壁上又怎么能挂这样的画呢？）。不过，不知是不是一种偶然，金相游的版画在80年代被制度圈内的美术市场所抛弃的同时，新人李喆守开始在非制度非主流的民众美术爱好者中间逐步被关注。美术界里面也开始有这样的呼声，说目前的美术界虽然都是年轻人，但艺术界过于专业化垂直化，应该逐步开放，与水平的外部社会加强关联。与此相反，开始油画之路的金相游开始发表一些山中深亭中隐居的老人的系列作品。那个干瘦枯槁的老人仿佛就是金相游的自画像。

我们国家的现代版画历史，可以追溯到60年代初期，以李相玉、柳刚烈、金相游等人为中心，事实上有很多版画家在进行活动，但与其它美术领域相比，还是相当落后的。作为大众媒体的版画的发展，并不是如此活跃的理由呢，主要是因为版画家们，要么过于关注自身的独特体验，要么就是把大众的需求用自私的手段解读了。

漂亮的花朵大行其道的版画市场因为李喆守的登场，用生活另一边的素材选择以及有现实感的表现，给原来传统的版画市场带来巨大的变化。他用生活的语言，将现实主义的画脉带进了版画的领域。但是，他的版画，自1990年代开始，从生活的语言出发，逐步向以东洋的自然观为基础的精神的语言转变。这种变化，是因为他认识到，艺术在人的生活中，作为一种维持平衡的代用物，是有其存在的价值的。他想把现实与理想，物质与精神，社会与人类，自然与生命等这些矛盾的不平衡的关系，用艺术来加以调合，特别是为了强调这一点，他往往在画中，会植入一些他自身的思考的文字进去。他的散文与其说是一种造型方面的思考，不如说是作家所经历的类似人生论的自我省察。他将每一天在生活中经历的珍贵的火花记录下来，和灵魂的交感一起，反映的是生活在这一时代的人们的内心世界的一种直觉，可以确认到它的推动力。

图书在版编目（CIP）数据

梨花飘落的夜晚 / 李喆守著 . -- 北京：中国文联出版社，2014.11

ISBN 978-7-5059-9318-1

Ⅰ. ①梨… Ⅱ. ①李… Ⅲ. ①散文集－中国－当代
Ⅳ. ①I267

中国版本图书馆CIP数据核字（2014）第254736号

版权登记：01-2014-6927

梨花飘落的夜晚

作　　者：李喆守［韩］ 著／绘　　翻　　译：李　璐

出 版 人：朱　庆
终 审 人：朱彦玲　　复 审 人：苏　晶
责任编辑：胡　笋　　责任校对：师自运
选题策划：张志坚　　责任印制：周　欣

出版发行：中国文联出版社
地　　址：北京市朝阳区农展馆南里10号，100125
电　　话：010-65389152（咨询）65067803（发行）65389150（邮购）
传　　真：010-65933115（总编室），010-65033859（发行部）
网　　址：http://www.clapnet.cn
E - mail：clap@clapnet.cn　　hus@clapnet.cn

印　　刷：北京市十月印刷有限公司
装　　订：北京市十月印刷有限公司
法律顾问：北京市天驰洪范律师事务所徐波律师
本书如有破损、缺页、装订错误，请与本社联系调换

开　　本：787×1092　　1/16
字　　数：18千字　　印　　张：9.25
版　　次：2014年12月第1版　　印　　次：2015年6月第1次印刷
书　　号：ISBN 978-7-5059-9318-1
定　　价：68.00元